今井真実の
ときめく梅しごと

左右社

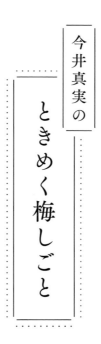

はじめに

初夏の間、私の小さな家では廊下からキッチン、リビングまで甘い匂いに包まれ、いじらしい梅の実がいまかいまかと加工されるのを待っています。

青い梅は、一刻も早く手を入れてあげないと。黄色く完熟させたい実は、朽ちる直前までもう少し待っていてね。5月の終わりから7月の間は、そうやって、半日ごとに梅の状態をチェックして心の中で話しかけながら、毎日少しずつ色んなものに仕立てていきます。

梅といえば「保存食」というイメージが強いですよね。私も長らく、梅しごとはいろんな調味料で「漬ける」ということを行ってきました。しかし、ある年のことです。梅は果実なのだし、こんなに良い香りがするのだから、それを生かしたものが作れないだろうか?と思ったのです。

そして15年ほど前に生まれたレシピが「梅ピュレ」です。くらくらするほど官能的な香り、そして爽やかな酸味、とびきりかわいい色！「梅ピュレ」は、私が主宰している梅しごと教室でもたちまち人気者になりました。

そうなんです。「梅」はかわいい。いつも、毎年、胸がきゅうっとときめいてしまう存在なんです。

私が教室で伝えていきたかったのは、この一点です。例えば、季節の花が美しいように、梅の実が紅く染まりころころとした姿はなんとも愛おしい。強烈な甘い香りは、百合の花にも負けません。うっすらとした産毛がはえた表面は、まるで赤ちゃんの肌のようにしっとり。

梅を大事にそっと扱い愛でている時、私はいつもとろんとした幸せな気持ちになるのです。

まずは1kg、生の梅をスーパーで買ってみて、ちょこちょこいろんなものをお試しで作ってみませんか？　1回作ってみて、これは美味しかったから、もうちょっと作りたいなあ、これは消費できなかったから少しにしよう、と来年にまた活かしていけばいいのです。

「梅しごと」というと、伝統にのっとり、昔ながらの教えを守り……など少しいかめしいイメージがあります。もちろんそれも大切なことですが、少し脇に置いておき、「今を生きる私たちのための梅しごと」をこの本では提案しています。少量で、食べ切れる量で。高価で場所を取る保存瓶も使いません。

さあ、ときめく「梅」とのくらし、一緒に始めてみませんか。

この本のポイント

1

「和」のイメージの強い梅を、
野菜や果物と同じように、
自由な発想でおいしくレシピ化しました。
梅の可能性は無限大！

2

すべてのレシピは
保存袋やプラスチック容器で保存ＯＫ。
高額な器具や容器がなくても、
気軽に梅しごとを楽しめます。

3

100g単位、
一人暮らしの方や家族が少ない方にも
「食べ切れる量」で
いろいろなレシピを試していただけます。

4

作ったその日に食べられる
漬け込み不要のレシピも掲載。
ライフスタイルに合ったものから
試してみてくださいね。

今井真実のときめく梅しごと もくじ

P74-76「今井家の梅干し」初出
LEE web「今井真実さんちのほっこりうめしごと」

梅の種類と選びかた

初夏から店頭に出回り始める梅の実。ほとんどのスーパーでは1kg単位で売られています。青梅は硬く、酸味が特徴。黄色い完熟梅は、香り高く、濃厚な味わい。

［ 小梅 ］

初夏の、一番早い時期に出回るのが小梅。カリカリ漬けにしたり、お弁当の空いたスペースに入れたり、お料理にほんのり隠し味として使いたい時などにも便利です。

［ 青梅 ］

青梅は果実としては未熟のため、果肉は硬くきゅっとした酸味が特徴です。青梅の毒性を気にされる方もいますが、漬けこんだり、加熱することで安全に美味しく食べられます。

［ 完熟梅 ］

黄色く赤みがかるまで熟した梅は梅干しにぴったり。皮も薄く果肉も柔らかくなります。香り高く果実としての甘味やフルーティさも増すので、甘い梅のお菓子に使っても。

[サイズ]

左がL（20g程度）、右が3L（30g程度）です。梅干しを作る場合は、大きいほうがよく梅酢があがるので、失敗しにくくおすすめです。ただし、食べやすい大きさや、お好みで選んでいただくのが一番です。

[傷もの]

表面にくぼみ、傷、しみのあるものは、カビの原因になり、梅干し・梅酒・梅シロップなど、実をまるごと使うものには向きません。
しかし、下の写真のように、皮を剥いたら、果肉はきれいな場合がよくあります。青梅の場合は砂糖漬け、梅アチャール、梅パクチーなどに、完熟梅の場合は梅ピュレ、梅のスパイス砂糖漬け、梅みそ、梅こうじなど、切って作れる加工品に使いましょう。
黒星病やスス病と呼ばれる黒点が出ている場合、見た目と味は劣りますが、梅干しに使ってしまっても問題ありません。

[おもな品種と産地]

梅は、和歌山県がおもな生産地で、全国の生産量の6割を占めています。手に入りやすい品種は「南高梅」。どの梅しごとのレシピにも使いやすいオールマイティーで優等生の梅です。私は九州、群馬県の南高梅、白加賀も取り寄せています。生の状態から紫がかったり、赤色だったりする梅もあり、シロップや梅酒に使うと綺麗に仕上がります。
九州地方では4月の後半から収穫が始まり、梅の時期は北上していきます。7月の終わりでも東北や寒い地方では収穫が続いていることがあるので、お住まいの地域でシーズンを過ぎた場合、北の地方からお取り寄せするのもおすすめです。

おもな道具

梅しごと成功の鍵はすべてを「清潔に保つ」ことです。使う調理器具や保存容器、手はきれいに消毒してから作業しましょう。反対に言うと、それさえきちんと守れば、特別な道具を買わなくても身近にあるもので梅しごとを楽しめます。

［消毒スプレー（食品用）、もしくは35度以上のホワイトリカー］

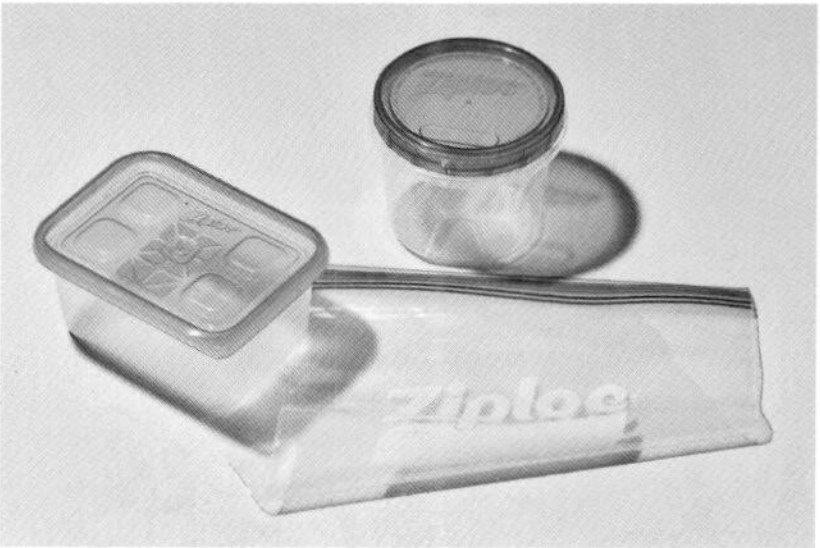

［保存袋、プラスチック容器など］

もちろん、煮沸消毒した瓶やホーローを使ってもOK

［ザル］

［ボウル］

[爪楊枝]

竹串でもOK

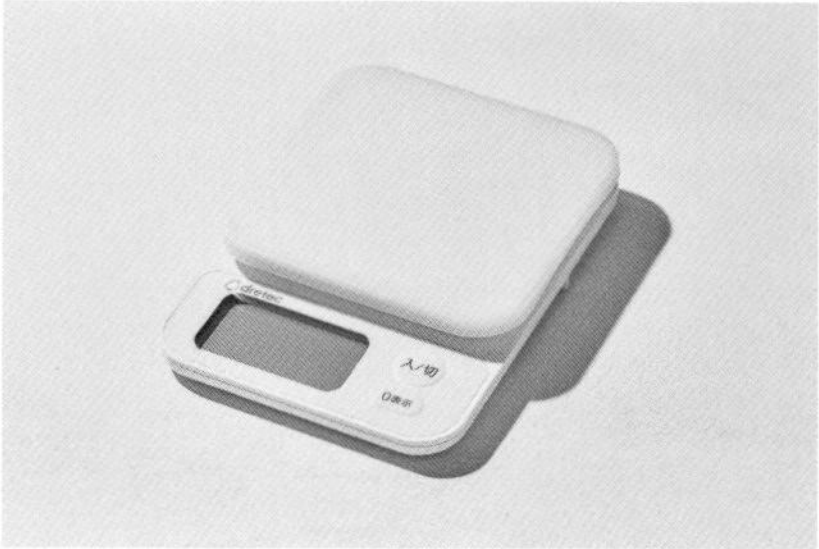

[はかり]

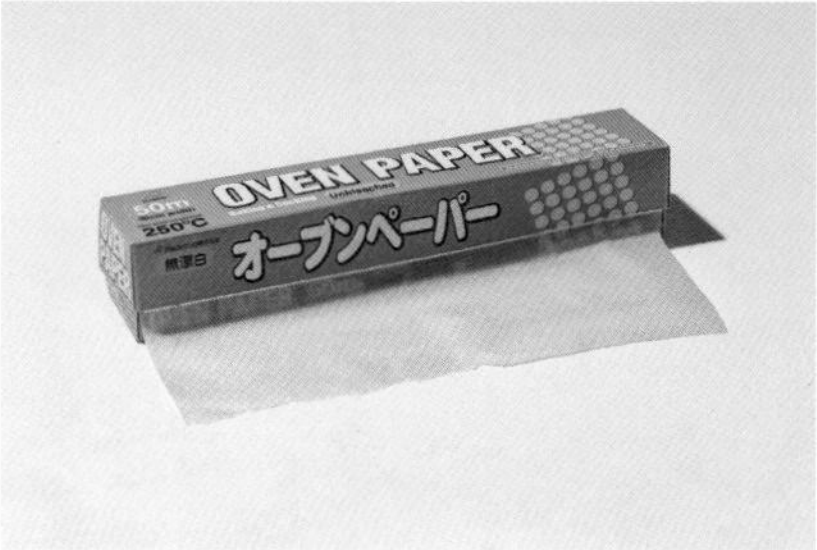

[オーブンシート]

梅干し用

[キッチンペーパー]

[梅わり器]

種を外すのにあると便利

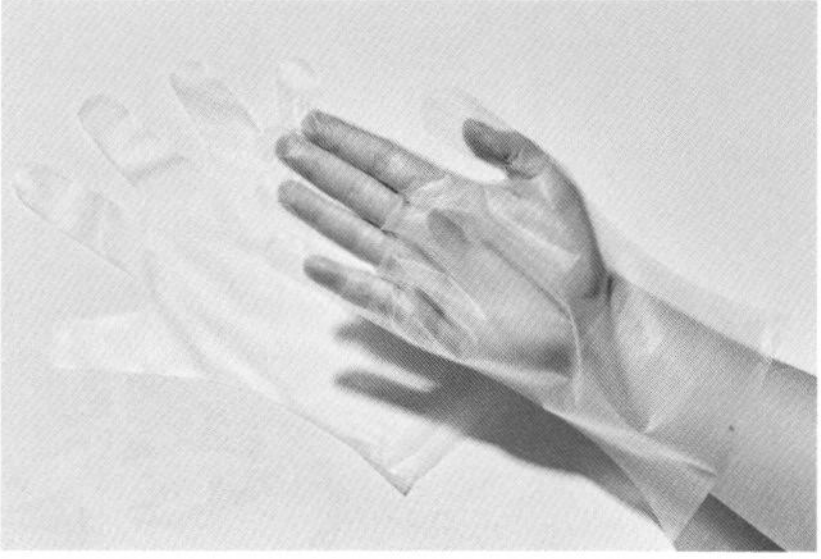

[キッチン用手袋]

あれば

梅しごとカレンダー

8月	9月	10月	11月	12月	翌年
3ヶ月後から飲みごろ					
	3ヶ月後から食べごろ				
	3ヶ月後から飲みごろ				

※出回り時期は関東地方の平均的な気候を前提にしています。
年度や地域によって多少前後しますのでご注意を。

		5月	6月	7月
出回り時期	小梅			
	青梅			
	完熟梅			
小梅	カリカリ小梅	1週間後から食べごろ		
	小梅の醤油漬け	1週間後から食べごろ		
	小梅とオリーブのピクルス	1週間後から食べごろ		
	小梅とベリーのシロップ	仕込み	3週間後から飲みごろ	
青梅	青梅のカリカリ砂糖	3日後から食べごろ		
	青梅の花椒漬け	1週間後から食べごろ		
	梅アチャール	作ってすぐ食べごろ		
	梅酒（青梅）	仕込み		
	梅シロップ（青梅）	仕込み	3週間後から飲みごろ	
完熟梅	完熟梅のスパイス砂糖漬け		3日後から食べごろ	
	梅ダージリン		翌日から食べごろ	
	梅ピュレ		作ってすぐ食べごろ	
	梅パクチー		作ってすぐ食べごろ	
	梅こうじ		3日後から食べごろ	
	梅のハーブオイル漬け		仕込み	
	梅みそ		10日後から食べごろ	
	梅干し		仕込み	干す（3週間後〜1年）→食べごろ
	梅酒（完熟梅）		仕込み	
	梅シロップ（完熟梅）		仕込み	3週間後から飲みごろ

レシピについて

本書で表示している1カップは200mℓ、大さじ15mℓ、小さじ5mℓ、1mℓ=1cc、1つまみ=1gです。
オーブンや電子レンジ、トースターの調理時間や温度はあくまで目安です。機種や季節、環境によっても違うので、適宜調整してください。

・梅のサイズについて
どの大きさでもおいしく作れますが、本書では完熟梅は3L〜4L、青梅はL〜2Lを使用しています。

・保存期間について
保存環境によって変わるので、表示期間はあくまで目安とお考えください。基本的にはカビが生えていたり、異臭がしなければ食べられますが、期間内でも傷んでしまった場合は無理をせず処分するようにしてください。また、冷暗所は直射日光が当たらず、コンロや火の元と離れた、温度を1〜15℃に保つことができる場所です。ちょうどいい場所がなければ、冷蔵庫の野菜室でも大丈夫です。

あたらしい梅しごと

基本の下ごしらえ

青梅・完熟梅・小梅共通

1.
梅をボウルに入れ、やさしく洗う。ザルにあげて水気を切る。

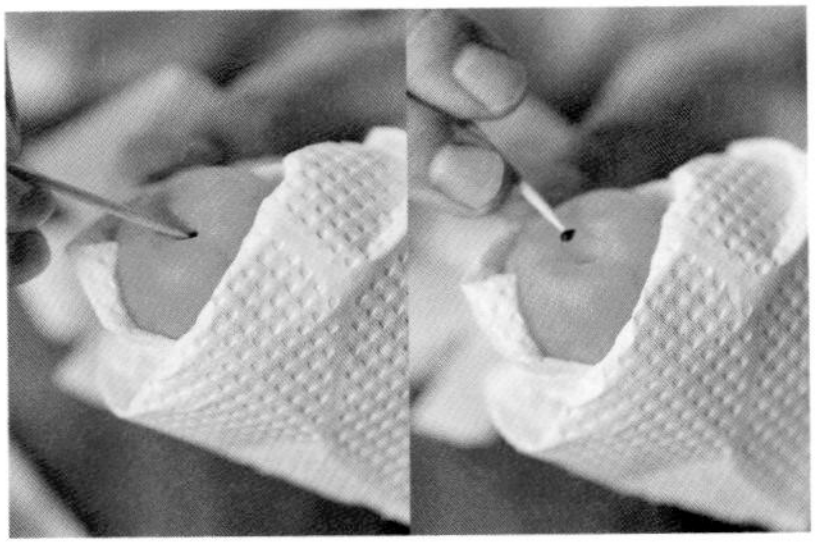

2.
キッチンペーパーで一粒ずつ水気を拭き、爪楊枝でなり口のへたをとる。

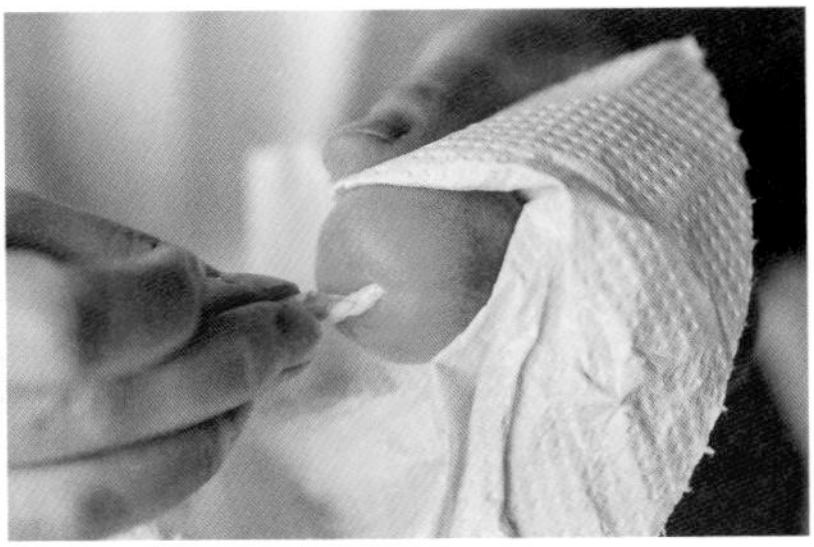

3.
キッチンペーパーをこより状にして、へたをとったくぼみも丁寧に水気を拭き取る。

ポイント

へたは、爪楊枝を軽く刺し、くるりと回すようにして外します。完熟梅は、へたが外れた状態で出荷されていることも。外れにくい場合は、無理にとろうとせず、へたがついたまま加工しても大丈夫です。

梅加工 Q&A

Q.

すぐ加工できないときはどうすればいいですか？

A. 数日なら、冷蔵庫の野菜室に入れておいても問題ありません。冷凍の場合は一年程度保存可能です。洗ってへたを取るところまで済ませてから冷凍すると便利です。解凍せずに漬け込める梅シロップや梅酒などに使用するのがいいでしょう。

Q.

梅の実に金属は厳禁と言われますが、どこまで守ればいいでしょうか？

A. 金属が梅の酸に長時間触れると腐食の原因になりますが、水洗い時のザルなどはさっと使えば問題ありません。梅干しを干すとき、金属製のザルは使わないようにしましょう。

Q.

梅の実はどこで買うのがおすすめですか？

A. スーパーで手軽に購入できる梅も、綺麗に選別してあるので、初めて作る方にはぴったりです。産地の道の駅や、産地直送サイトからのお取り寄せもおすすめです。

Q.

追熟のポイントを教えてください！

A. 熟す前にカビる場合があるので、追熟は難しいのですが、涼しい場所で梅が重ならないように広げましょう。ダンボールに新聞紙を敷いて実を置き、消毒用スプレーをかけてください。傷みやすいので、全体が黄色くなったら良し、としましょう。熟度にばらつきのある場合は、熟れたものから加工します。

Q.

海外に住んでいて梅が手に入りません。

A. 梅の代わりにプラムやルバーブでみなさん作られているようです。お試しあれ！

完熟梅のスパイス砂糖漬け

唯一無二の梅しごとが誕生しました。

完熟梅の濃厚な味わいは、どこかクラフトコーラに通ずるものがあるとスパイスを合わせてみたら、声をあげてしまうほど美味。

種から外した梅の果肉とスパイス、お砂糖と混ぜるだけ。気軽な上に、傷のある梅も使えるのも嬉しいところ。

材料（作りやすい分量）

◇ 完熟梅（種つきの状態）　200g
※100gの場合は以下すべて半量

◇ グラニュー糖　140g程度
（種をとった梅の重量の80%）
→ クセの少ない砂糖、はちみつも可

◇ シナモンスティック　1本

◇ カルダモン　6粒

◇ クローブ　2粒

◇ お好みのホールスパイス
（オールスパイス、バニラビーンズなど）　適量

梅の実に十字に包丁を入れる

手で4分割にし、種を取る

清潔なタッパーウェアにすべての材料を入れる

作り方

1.

梅の基本の下ごしらえ（P.18）をする。包丁で4つに切り目を入れて種から果肉を外す。手でむいてしまってもOK。傷がある場合は大きく切り取る。

2.

梅の果肉の重さをはかり、グラニュー糖の量を決める。梅の重さに対して70%以上の量の砂糖を入れるとカビにくくなる（おすすめは80%）。

3.

保存容器で梅の果肉とグラニュー糖を混ぜ、すべてのスパイスを入れる。冷蔵庫で一晩寝かせ、次の日に再度混ぜる。砂糖が溶けたらすぐ食べられるが、3日後くらいからが食べごろ。

保存場所	冷蔵庫
保存期間	1ヶ月（2日ごとに混ぜる）／冷凍1年

クラフトコーラ

新発見！　梅とスパイスで、あの風味に

材料（1人分）

◇ **完熟梅のスパイス砂糖漬け**　大さじ3（果肉を含む）
◇ 炭酸水（無糖）　100㎖
◇ 氷　適量

作り方

1.
グラスに氷を入れ、完熟梅のスパイス砂糖漬けを入れる。

2.
炭酸水を注ぎ、よく混ぜ合わせる。

ポイント

梅の果肉と一緒にスパイス類もグラスに入れると、よりコーラの香りが楽しめます。

紫キャベツのコールスロー

スパイスのきいた甘みが意外な相性

材料（２人分）

◇紫キャベツ　100g
◇塩　1つまみ（1g程度）
◇**完熟梅のスパイス砂糖漬け**　大さじ1

作り方

1.

紫キャベツを千切りにして、ボウルに入れ塩でもみ、10分置く。

2.

手でぎゅっと水気を絞り、完熟梅のスパイス砂糖漬けを入れて和える。

ポイント

最後に味見をしてみて。物足りなかったら、お塩と完熟梅のスパイス砂糖漬けを足してください。りんごのスライス、ブルーベリーなどを一緒に和えると華やかな前菜になります。

ラッシー

フルーティでとろとろ食感がたまらない

作り方

1.

グラスに氷を入れ、 完熟梅のスパイス砂糖漬けを入れる。

2.

牛乳を注ぎ、よく混ぜ合わせる。

材料（１人分）

◇ **完熟梅のスパイス砂糖漬け**　大さじ2～3
◇ 牛乳　100㎖
◇ 氷　適量

ポイント

ヨーグルトがなくても、梅の酸で牛乳がとろとろになります。よく混ぜて召し上がれ。

手羽先のスパイス焼き

エキゾチックだけど誰もが好きなおいしさ

作り方

1.

手羽先を反対方向に曲げ、関節を外すように折る。

2.

調味料をすべてボウルに入れて混ぜ合わせ、手羽先に絡め、常温で15分置く。

3.

天板に網（あれば）を載せ、その上に2を並べる。220度のオーブン（予熱なし）で25分焼く。

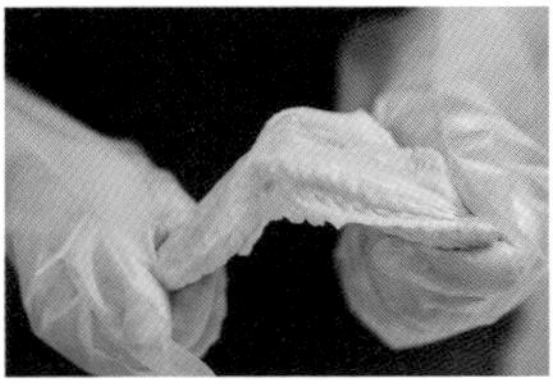

手羽先を反対側に折る

材料（2人分）

◇ 手羽先　6本（320g程度）
◇ **完熟梅のスパイス砂糖漬け**　大さじ1
◇ 塩　小さじ½
◇ 醤油　小さじ1

ポイント

天板にはアルミホイルかオーブンシートを敷くと掃除がラクです。焼き始めて20分ほど経つと焦げやすくなるので、様子を見ながらアルミホイルをかぶせてください。

梅ダージリン

完熟梅の香りとダージリンティーの相性がこんなに良いだなんて。静かに火を通した梅は、夏の繊細なおやつ。できたては梅の酸味が引き立つので、シロップと混ぜながら召し上がれ。シロップもドリンクにして最後まで美味しい一品です。

材料（作りやすい分量）

- ◇完熟梅　200g
  （梅酒や梅シロップを漬けたあとの梅でもOK）
  ※100gの場合は以下すべて半量
  （ティーバッグは2個に）
- ◇ダージリンのティーバッグ　3個
  （茶葉6gでも可）
- ◇砂糖　130g
- ◇水　200mℓ

作り方

1.

梅の基本の下ごしらえ（P.18）をする。厚手の鍋に梅、砂糖、水を入れ、弱めの中火で時折梅を転がしながら8分煮る。アクが出たらすくう。

2.

ダージリンのティーバッグを入れ、2分煮出す。

3.

保存容器に入れ、粗熱が取れたら冷蔵庫に入れる。翌日から食べごろ。

梅の実を転がしながら煮る

アクが出たらすくう

ティーバッグを入れて煮出す

保存場所	冷蔵庫 （カビやすいため、梅が紅茶液から出ないようキッチンペーパーを被せ保存）
保存期間	3ヶ月

チョコアイスの梅ダージリン添え

オレンジピールチョコのような味わい

材料（1人分）

◇チョコアイス　適量
◇**梅ダージリン**　1個

作り方

1.

チョコアイスを器に盛り付け、梅ダージリンを添える。

ポイント

躊躇せず試してみて！　驚きのおいしさです。もちろんバニラアイスでもおいしいですよ。

梅ダージリンワイン

サングリアのようにフルーティ

材料（1人分）

◇ **梅ダージリン**　1個
◇ 白ワイン　適量

作り方

1.

グラスに梅ダージリンを入れ、白ワインを注ぐ。

ポイント

梅をつぶしながら召し上がれ。実だけでなく、紅茶液を入れてもおいしいです。

梅ピュレ

梅が果物だったことを思い出す、香り高くジューシーな梅ピュレ。

梅の果実そのものをとじこめた味は、あなたの新しい梅しごとの定番メニューになることでしょう。

ジャムのように使うのはもちろん、かき氷にかけたり、お肉に合わせても。

材料（作りやすい分量）

◇ 完熟梅（傷がある梅を使う場合は傷の部分を切り取ったあとの状態）　200g
※100gの場合は以下半量

◇ 砂糖　120〜160g

作り方

1.

梅の基本の下ごしらえ（P.18）をする。傷んでいる所は包丁で取りのぞく。

2.

ホーローかステンレスの鍋に、梅と、かぶるくらいの水を入れ、沸騰したら梅をザルにあげる。湯を捨てたら梅を鍋に戻し、再びかぶるくらいの水を入れて沸騰させる。3回ゆでこぼし、アクをとる。

かぶるくらいの水で3回ゆでこぼす

3.

ザルにあげた梅を鍋に戻し、木べらなどで種が出るように崩し、砂糖を入れる。

鍋に戻した梅を崩し、砂糖を入れる

4.

火をつけ、混ぜながら弱火で熱し、白いアクが浮いたら丁寧にすくう（もうさほど出ないはず）。軽く沸騰したら、すぐに火を止める。決して煮詰めないこと。

5.

最後に種を注意深く取りのぞき、ハンドブレンダーやミキサーなどで滑らかにする。かなりしゃばしゃばの状態に仕上げる（皮が気にならない場合はつぶさずそのまま保存しても良い）。

ハンドミキサーやブレンダーで滑らかにする

6.

保存容器に移し、冷蔵庫に入れる（取りのぞいた種はしゃぶって）。

保存場所	冷蔵庫
保存期間	3週間（2日ごとに混ぜる）／冷凍1年

梅ピュレトマト

まるで高級なトマトのようにフルーティ

作り方

1.

トマトのへたと芯の固い部分を切り取り、一口大の乱切りにする。

2.

1を器に盛り、梅ピュレをかける。

材料（2人分）

◇ トマト　1個（150g程度）
◇ **梅ピュレ**　大さじ1 ½

ポイント

お塩をかけたくなるけど、そこは我慢して！ 梅ピュレはたっぷりがおすすめです。

カマンベールチーズフライ

甘じょっぱさがたまらない、やみつきおつまみ

作り方

1.

ボウルに水と薄力粉を入れ、ダマがなくなるまで混ぜる。

2.

カマンベールチーズを加えて1の衣をまんべんなくつけ、パン粉をまぶす。

3.

小さめのフライパンに油を1cmほどの高さまで入れ、中火にかける。パン粉を入れてすぐに気泡が出るくらいの温度になったら、2を入れ、ときどき裏返しながらきつね色になるまで揚げる。

4.

バットにとり、油を切る。揚げたてに梅ピュレをかける。

材料（2人分）

- ◇ カマンベールチーズ（切れているもの） 6個
- ◇ 水 40mℓ
- ◇ 薄力粉 30g
- ◇ パン粉 30g（粒が大きい場合は手で細かくしておく）
- ◇ 油 適量
- ◇ **梅ピュレ** 大さじ1

ポイント

切れているカマンベールチーズがおすすめです。衣をつける直前まで冷蔵庫に入れておいてください。

ブリの照り焼き

いつもの照り焼きがおしゃれな味に

作り方

1.

ブリを1cm幅に切る。

2.

フライパンに醤油と梅ピュレを入れて中火にかけ、ひと煮立ちさせる。

3.

弱火にして、ブリを2に入れる。スプーンでたれをかけ、からめながら火が通るまで焼く。

材料（2人分）

◇ ブリ（刺し身用サク）　100g程度
◇ 醤油　大さじ1
◇ **梅ピュレ**　大さじ2

ポイント

ブリの身が白っぽくなったら火が通った合図なので、器によそってください。ピンクペッパーやイタリアンパセリなどをかけてもかわいく、おいしいです。

ミルクプリン

つるんとうれしい夏のおやつ

作り方

1.

耐熱皿（今回は16㎝×21㎝の耐熱容器を使用）に牛乳50㎖を入れ、電子レンジ600Wで50秒加熱する。ゼラチンを加え、よく混ぜる。

2.

さらに牛乳50㎖を入れ、電子レンジで再度50秒加熱する（ゼラチンが溶けきっていない場合、更に30秒加熱する）。

3.

よく混ぜてゼラチンを溶かし、砂糖を入れて混ぜる。

4.

冷たい牛乳200㎖を注ぎ、バニラエッセンスを加えてよく混ぜる。冷蔵庫に入れ、30分冷やし固める。

5.

器に盛り付け、梅ピュレをかける。

材料（3人分）

◇牛乳　300㎖
◇ゼラチン　5g
◇砂糖　大さじ2
◇バニラエッセンス　3滴
◇**梅ピュレ**　1人分につき小さじ1

ポイント

ダマになるのを防ぐため、1の工程で必ず牛乳を温めてからゼラチンを混ぜてください。平たい耐熱容器やグラタン皿を使用すると、固まるのが早いです。

梅パクチー

生の梅に火を通して調味料を作るのって面白いんです。実験気分で塩味だって自分好みに調整して。カビやすいから、かならず保存するときは油でふたをするように。

ごま油とにんにくが効いているので、アジア風の炒めものなどにおすすめです。

材料（作りやすい分量）

- ◇完熟梅　100g
- ◇パクチー　2本（20g程度）
- ◇ごま油　大さじ2
- ◇にんにく　2かけ（10g程度）
- ◇塩　10g

作り方

にんにくがしゅわしゅわしてきたら、梅と塩を入れて炒める

パクチーを入れてひと混ぜする

1.

パクチーを根も含めてみじん切りにする。梅は基本の下ごしらえ（P.18）をしてから手のひらで軽くつぶして種を外し、ざく切りにする。

2.

フライパンにごま油を引き、にんにくをすりおろして入れ、火をつける。弱火で熱し、にんにくがしゅわしゅわしてきたら、梅と塩を入れて炒める。

3.

にんにくの刺激臭がなくなったらパクチーを入れる。ひと混ぜして沸騰させ、パクチーが鮮やかな色に変わったら完成。

→ 梅の酸でにんにくが緑色になることがありますが、問題なく食べられます。

保存場所	冷蔵庫（油が減ったら足し、常に油で蓋をするように保存）
保存期間	1ヶ月

大根とほたての和えもの

しゃきしゃきねっとりがおいしい

作り方

1.

大根の皮をむき、2mm幅の銀杏切りにして、ボウルに入れ塩もみして5分ほど置く。

2.

大根を絞って、キッチンペーパーで水気を拭きとり、そぎ切りにしたほたてと調味料をすべて加えて和える。

材料（2人分）

◇大根　100g（5cm程度）
◇ほたて（刺し身用）　3〜4個（50g程度）
◇塩　1つまみ（1g程度／塩もみ用）
◇**梅パクチー**　小さじ2
◇醤油　小さじ¼
◇はちみつ　小さじ¼

ポイント

大根の水気はよく絞ってください。このままおつまみにしても良いですし、レタスと合わせてサラダ仕立てにするのもおすすめです。

ねぎ焼きそば

香ばしい麺と梅パクチーがベストな相性

作り方

1.

豚肉は1㎝幅の薄切り、長ねぎは斜め薄切りにする。

2.

フライパンにごま油、焼きそば麺を入れ、強めの中火にかける。麺はほぐさず、焼き付ける。そのまわりに長ねぎ、梅パクチーを入れて、麺と混ぜずに炒める。

3.

長ねぎに焦げ目がついてしんなりしたら、あいているスペースに豚肉を入れる。麺と混ぜず、しっかり焼き目をつける。

4.

豚肉に焼き目がついたら、具材と麺を混ぜながら焼く。醤油を入れてさらに混ぜる。お好みで生のパクチーをトッピングする。

材料（1人分）

◇焼きそば麺　1袋
◇長ねぎ　½本（30g程度）
◇豚ロース肉薄切り　2枚（60g程度）
◇ごま油　大さじ½
◇**梅パクチー**　大さじ1
◇醤油　小さじ2
◇生パクチー　適量

ポイント

最初に焼きそば麺を揚げるようにこんがり焼いて、パリパリ食感と香ばしい風味をつけます。トッピングのパクチーがなかったら、青ねぎの小口切りでもおいしいです。

梅こうじ

昔から作っている梅こうじ。今回初めてちゃんとレシピ化してみました。これそのもので味付けをするというより、食材の味をワンランクUPさせるような調味料。ご飯と炊いたら、甘みを引き出し、ほんのりおこげができます。おだしがわりにスープに使っても美味しいです。

材料（作りやすい分量）

- ◇完熟梅　200g
  ※100gの場合は以下すべて半量
- ◇塩こうじ　300g
- ◇塩　小さじ1

作り方

材料をすべて入れる

よく混ぜて冷蔵庫へ

1.

梅の基本の下ごしらえ（P.18）をして、包丁で果肉を大ぶりに切り、種を外す。

2.

保存容器に梅の果肉と種、塩こうじ、塩を入れてよく混ぜる。冷蔵庫に入れ、3日ほどして全体が黄色くなったら食べごろ。使用する塩こうじによって塩味が変わるので、好みで適量の塩をあとから足しても良い。

保存場所	冷蔵庫
保存期間	6ヶ月

パプリカのマリネ

素材の甘みを梅こうじが引き出す

作り方

1.

丸のままのパプリカを魚焼きグリルで皮全体が黒く焦げるまで裏返しながらよく焼き（強火で10分ほど）、ボウルにとって粗熱がとれるまでラップをして蒸らす。

2.

皮をむき、へたと種をとって食べやすい大きさに切る。

3.

ボウルに梅こうじ、オリーブオイルを入れて和える。

材料（２人分）

◇ パプリカ　1個
◇ **梅こうじ**　小さじ2
◇ オリーブオイル　小さじ2

ポイント

パプリカは、焼いたあと蒸らすことで皮がむきやすくなります。保存袋に入れても良いですよ。

とろとろスクランブルエッグ

なめらかクリーミー、ひと手間かけた幸せな味

作り方

1.

フライパンを中火にかけ、バターを入れて溶かす。

2.

よく混ぜたAを流し入れ、すぐに火を止める。

3.

ゴムベラでよくかき混ぜ、余熱で卵のふちが固まらなくなったら、また弱火にかける。

4.

弱火にかけながら絶えずかき混ぜ、ふちが固まったらすぐ火を消してまたかき混ぜる。

5.

3と4を卵がねっとりとした艶のあるペースト状になるまで10分ほど繰り返す。

材料（1人分）

A
- ◇卵　2個
- ◇**梅こうじ**　小さじ2
- ◇牛乳　小さじ2

◇バター　5g

ポイント

辛抱強く混ぜることにより滑らかに仕上がります。梅の酸味が全体をまとめます。カリッと焼いたパンに載せて召し上がれ。

豚の唐揚げ

取り合いになる絶品おかず

作り方

1.

豚肉を2cm幅に切り、棒状にする。

2.

豚肉に梅こうじと醤油をかけて混ぜ合わせる。キッチンペーパーで余分な汁気をとり、米粉をまぶす。その上から片栗粉をしっかり全体にまぶす。

3.

フライパンに油を入れ、余分な粉をはたいた豚肉を入れてから中火にかける。

4.

2分ほど揚げ焼きし、表面に肉汁が浮かび上がってきたら裏返す。さらに2分ほどして全体にこんがり揚げ色がついたら取り出し、油を切る。

材料（2人分）

◇豚肩ロース肉（とんかつ用）
　2枚（300g程度）
◇**梅こうじ**　大さじ1
◇醤油　小さじ1
◇米粉　大さじ2
◇片栗粉　大さじ2
◇油　大さじ3

ポイント

こうじが焦げやすいので、目を離さないでください。鶏の唐揚げより、早く揚がります。

梅こうじご飯

ご飯と生ハムと海苔の三位一体

作り方

1.

米を研ぎ、水を入れ、梅こうじを載せて炊飯する。

2.

炊きあがったらよく混ぜて器によそい、生ハムと海苔を載せる。

材料（4人分）

- ◇米　2合
- ◇**梅こうじ**　小さじ4
- ◇水　2カップ
- ◇生ハム　1人分につき½枚
- ◇焼き海苔　1人分につき⅛枚

ポイント

梅こうじでおこげができます。このご飯にさらに梅干しを合わせても美味。

梅のハーブオイル漬け

作って1ヶ月後に味見したら首をかしげたのだけど、3ヶ月後に食べてみたら、なんでもっとたくさん作らなかったんだろう……と後悔するほどおいしかったオイル漬け。

ハーブやアンチョビがなくても、オリーブオイルとお塩と梅だけでも十分においしいですよ。

材料（作りやすい分量）

◇ 完熟梅　100g
◇ 塩　15g
◇ アンチョビ　1枚（みじん切り）
◇ ローリエ　1枚
◇ ローズマリー　1枝
◇ オリーブオイル　150mℓ
→ お好みでとうがらしやにんにくを入れてもおいしいです。

作り方

塩となじませた梅の容器に、その他の材料をすべて入れる

1.

梅の基本の下ごしらえ（P.18）をする。梅にぐるりと包丁で一周切れ目を入れ、保存容器に梅と塩を入れて優しくなじませる。常温で置き、1週間、毎日ゆする。

2.

１週間後、容器に残りの材料をすべて入れる。オイルから梅が出ないよう注意して、常温で漬け込む。1ヶ月後から食べられるが、3ヶ月ごろからぐっとおいしくなる。

保存場所	冷暗所
保存期間	1年

梅カルパッチョ

梅のハーブオイル漬けだけで、不思議なほど美味しい

作り方

1.

ベビーリーフを洗い、水気をとって皿に載せ、薄切りにした平目の刺し身を載せる。

2.

梅の実を包丁で粗く叩いて、オイルと一緒に1にかける。

材料（2人分）

◇ 平目（刺し身用サク）　70g

◇ ベビーリーフ　30g

◇ **梅のハーブオイル漬け**

　オイル小さじ1、実1個

ポイント

梅の実を叩いてかけるだけでおいしいドレッシングに。鯛など、他の白身魚でもおいしくできます。

たこのガーリックポテサラ

誰もが虜になるあたらしいポテサラ

作り方

1.

じゃがいもは皮をむいて3cm大の乱切りにする。じゃがいもと水を鍋に入れて蓋をし、中火にかける。沸騰したら弱火にして、ときどき裏返しながら10分ほどゆでて、ザルにあげる。

2.

フライパンにオリーブオイルを入れて弱火にかけ、スライスしたにんにくを加える。きつね色になる直前でにんにくをボウルに取り出す。

3.

一旦火を止めてからスライスした蒸しだこを加え、中火で10秒ほどさっと炒める。オイルごと2のボウルに入れる。

4.

3のボウルに1のじゃがいもと粗く叩いた梅の実・イタリアンパセリを入れ、じゃがいもをあまりつぶさないように混ぜ合わせる。

材料（2人分）

- ◇ じゃがいも　1個（150g程度）
- ◇ 蒸しだこ　足・大1本（70g程度）
- ◇ にんにく　2かけ（10g程度）
- ◇ オリーブオイル　大1
- ◇ 水　½カップ
- ◇ **梅のハーブオイル漬け**　実1個
- ◇ イタリアンパセリ　2g

ポイント

にんにくは一気に焦げるので、きつね色になる手前で引き上げて。たこは軽く温めることで柔らかくなります。

梅みそ

梅みそのレシピは甘みをつけているものが多いのだけど、私は梅とおみそだけ。その代わり保存性は弱まるので冷蔵庫で保存してください。酸っぱいおみそは夏はきゅうりにつけたり、炒め物に使ったり。豚汁に使ってもさっぱりしていいです。そうそう、一推しはギョウザにつけることです！

材料（作りやすい分量）

◇ 完熟梅　200g
※100gの場合は以下半量

◇ みそ（辛口）　500g

作り方

みそから梅の表面が出ないようにしっかり埋める

1.

梅の基本の下ごしらえ（P.18）をする。保存容器にみそを敷き詰め、梅を埋め入れる。梅の表面が出ないようにスプーンなどでまんべんなくみそをなでつける。カビやすいので、必ず冷蔵庫で保存。

2.

1〜2日して梅から水分が染み出したら、表面を押し付けるようにして梅とみその隙間を埋める。3日に1回くらいカビがないかチェックし、1週間ほど経ったら、梅をつぶすように全体をかき混ぜる。10日後くらいから食べごろ。

保存場所	冷蔵庫
保存期間	6ヶ月

豚の梅みそ焼き　ゴーヤ添え

こってりさっぱり夏の人気おかず

作り方

1.

ゴーヤは縦半分に切ってわたを取り、3㎜幅の薄切りにする。ボウルに入れ砂糖と塩をまぶして10分置き、水気を絞って1分ゆで、ザルにあげておく。

2.

豚肉を食べやすい大きさに切る。フライパンにAの調味料をすべて入れ、強火にかける。煮立ったら火を弱め、豚肉を広げながら入れる。再度火を強め、中火で裏返しながら焼く。

3.

たれが完全に煮詰まり、豚肉に焦げ目がついたら火を止める。皿に盛り付け、1のゴーヤを添える。

材料（2人分）

- ◇豚肩ロース肉（しょうが焼き用）　300g
- ◇ゴーヤ　½本（100g程度）
- ◇砂糖　小さじ½（ゴーヤ下処理用）
- ◇塩　小さじ½（ゴーヤ下処理用）
- A
  - ◇**梅みそ**　大さじ½
  - ◇酒　大さじ1
  - ◇醤油　大さじ½
  - ◇砂糖　大さじ½

ポイント

ゴーヤが陰の主役です。甘辛い豚肉と一緒に食べるとたまらないおいしさ。豚肉はたれを煮詰めながら焼くというちょっと変わった調理法ですが、柔らかく仕上がります。

海老のココナッツミルクスープ

スープの深い味わいの秘密は梅みそ

作り方

1.

海老の殻をむき、背わたをとる。玉ねぎはくし切り、ミニトマトはへたをとり半分に切る。にんにくはすりおろす。

2.

Aの材料をすべて鍋に入れ、強めの中火にかける。ミニトマトが少し煮崩れてきたら一旦火を止める。

3.

1〜2㎜幅の輪切りにしたオクラ、梅みそ、塩、カレー粉を鍋に加え、軽く混ぜてから中火にかける。煮立ったら1の海老を加え、色が赤く変わり火が通るまで加熱する。

4.

器に盛り、一口大にカットしたパクチーをトッピングする。

材料（2人分）

◇海老　4尾（80g程度）
◇オクラ　3本
◇**梅みそ**　大さじ1
◇塩　小さじ½
◇カレー粉　小さじ½
◇パクチー　適量

A
◇ココナッツミルク　200㎖
◇水　300㎖
◇玉ねぎ　¼個（50g程度）
◇ミニトマト　5個
◇にんにく　1かけ（5g程度）

ポイント

海老の背わたの処理をしっかり行うことで生臭さも抑えられます。ご飯にかけながら食べるとおいしいです。

青梅のカリカリ砂糖

青梅の果肉を包丁で切り落とすか、割るかしてお砂糖と和えるだけ。なんともいえない爽やかな酸味のお茶請けができます。カリカリ食感を保つためには冷蔵庫で保存して。私はきゅうりのピクルスの代わりにお料理に使うのも好きです。シロップもご活用を。

材料（作りやすい分量）

◇青梅　200g
※100gの場合は以下半量

◇砂糖　100g

梅の種を外し、適当な大きさに切る

砂糖を入れ、しっとりするまで混ぜる

作り方

1.

梅をたっぷりの水につけて2～3時間アク抜きをする。

2.

へたをとり、水気を拭き取る。

3.

梅の種を外し、適当な大きさに切って保存容器に入れる。

4.

砂糖を入れ、しっとりとなじむまで混ぜる。冷蔵庫で保存。3日ほどで食べごろ。

保存場所	冷蔵庫
保存期間	6ヶ月

青梅のクリームチーズ和え

パンに載せたり、ワインに合わせても

材料（1人分）

◇ **青梅のカリカリ砂糖**　30g
◇ クリームチーズ　大さじ3（45g）

作り方

1.
青梅のカリカリ砂糖を粗く刻む。

2.
クリームチーズと混ぜ合わせる。

材料（2人分）

おつまみにもおやつにもなる、簡単おいしい一品です。クリームチーズを混ぜる時固かったら、少量シロップを入れても。

青梅とヨーグルトのたまごサラダ

きゅうりの甘いピクルスのように使って

材料（1人分）

- ◇ **青梅のカリカリ砂糖**（実の部分のみ）　大さじ1/2
- ◇ ギリシャヨーグルト（無糖）　大さじ2
- ◇ ゆで卵　1個
- ◇ 塩　2つまみ
- ◇ クロワッサン　1個
- ◇ サーモン　2切れ（お好みで）

作り方

1.

青梅のカリカリ砂糖のシロップを拭き取り、粗みじん切りにする。

2.

ギリシャヨーグルトに1と、粗みじん切りにしたゆで卵を入れて和える。塩で味をととのえる。

3.

クロワッサンに添え、お好みでサーモンと一緒にいただく。

ポイント

クロワッサンとサーモンとの相性が抜群なので、手に入るようであれば、ぜひ組み合わせて。青梅のカリカリ砂糖は甘めのきゅうりのピクルスと思うといろんな料理に使えます。

青梅の花椒漬け

青梅の爽やかさを活かすために考えついたのが、この中華風のお漬物。ごま油の香ばしさ、しびれる花椒のホール、酸味のキリッとした味わいの青梅。このハーモニーで、食べ始めたらぽりぽりと止まらないおいしさです。

材料（作りやすい分量）

◇ 青梅　200g
※100gの場合は以下すべて半量
◇ 花椒　小さじ1
◇ 醤油　120㎖
◇ 砂糖　40g
◇ ごま油　小さじ4

すべての材料を保存容器に入れて混ぜる

作り方

1.

梅をたっぷりの水につけて2〜3時間アク抜きをする。

2.

へたをとり、水気を拭き取る。

3.

梅の種を外し、適当な大きさに切って、すべての材料とともに保存容器に入れて混ぜる。冷蔵庫で保存し、1日1回容器を揺すって様子を見る。1週間ほどで食べごろ。

保存場所	冷蔵庫
保存期間	2週間

焼きししとう

さっと作れて、おもてなしにも

材料（１人分）

◇ ししとう　10本
◇ **青梅の花椒漬けの汁**　小さじ1〜2

作り方

1.
ししとうを魚焼きグリルで５分程度、両面に焼き目がつくまで加熱する。

2.
器に盛り、青梅の花椒漬けの汁をかける。

ポイント

トースターでも魚焼きグリルでもOK。どちらもない場合はフライパンで少量の油で焼いてください。青い香りと花椒が合います。

蒸し鶏

ふっくらと蒸しあげた鶏にぴりっと刺激

材料（２人分）

◇鶏もも肉　1枚（300g程度）
◇塩　3g（肉の重量の1%）
◇日本酒　50mℓ
◇昆布　7cm角1枚
◇**青梅の花椒漬け**
　大さじ3

作り方

1.

鶏肉に塩をふる。日本酒、昆布をフライパンに入れ、皮目を下にした鶏肉を置き、中火にかける。

2.

沸騰したら弱火にして蓋をし、10分蒸す。裏返してさらに5分蒸す。

3.

食べやすい大きさに切って盛り付け、青梅の花椒漬けをかける。

ポイント

鶏肉は使う30分ほど前に冷蔵庫から出して室温に戻してください。この蒸し鶏の作り方を覚えるといろいろな料理に応用できてとても便利ですよ。

梅アチャール

カレーに添えたら、たちまち複雑な味わいに大変身。インドのお漬物、レモンピックルのように作れるかもと思って出来たのが梅アチャールです。

マリネに使っても良いし、カレーを作るときに入れてもおいしい。梅の酸味とスパイスが爽やかな調味料です。

材料（作りやすい分量）

- ◇青梅　200g
  ※100gの場合は以下すべて半量
- ◇にんにく　2かけ（10g程度）
- ◇サラダ油　大さじ4
- ◇カイエンペッパー　6ふり
- ◇ターメリック、コリアンダーパウダー、
  クミンパウダー　各小さじ½
- ◇塩　小さじ4

作り方

にんにくと梅を中火で炒める

スパイスと塩を入れて炒める

ペースト状になったら完成

1.

梅をたっぷりの水につけて1時間アク抜きをする。

2.

梅のへたと種を外し、一口大に切る。にんにくはすりおろす。フライパンにサラダ油を熱し、にんにくと梅を入れ、中火で炒める。

3.

梅がしんなりしてきたら、カイエンペッパー、ターメリック、コリアンダー、クミン、塩を入れて、梅をつぶすように炒める。

4.

ペースト状になったら完成。粗熱がとれたら保存容器に入れ、サラダ油（分量外）を注ぎ表面を覆う。

→ 梅の酸でにんにくが緑色になることがありますが、問題なく食べられます。

保存場所	冷蔵庫 （油が減ったら足し、常に油で蓋をするように保存）
保存期間	1ヶ月

大豆のマリネ

作り置きにも良いお豆のサラダ

作り方

1.

イタリアンパセリをみじん切りにする。

2.

大豆と1と梅アチャールをボウルに入れて混ぜる。味見をしてから塩を足す。

材料（2人分）

- ◇ 大豆の水煮　100g
- ◇ イタリアンパセリ　2g
- ◇ **梅アチャール**　小さじ2
- ◇ 塩　小さじ¼

ポイント

大豆以外にも、ひよこ豆などいろんなお豆で作れます。

とうもろこしと鶏肉の炊き込みご飯

ちょっぴりスパイシーな愛されご飯

作り方

1.

米を研ぎ、Aを混ぜて注ぐ。

2.

とうもろこしの粒をそぎ取り、ミニトマトを半分に切る。鶏肉の皮をむき、分厚い場合は切り目を入れて開く。

3.

米の上に鶏肉（丸のまま）、ミニトマト、とうもろこしを載せて炊飯する。炊きあがったらしゃもじで鶏肉をほぐしながら混ぜる。

材料（2〜3人分）

◇米　2合
◇とうもろこし　½本
（100g程度／コーン缶でも可）
◇鶏もも肉　1枚（300g程度）
◇ミニトマト　5個

A
◇水　2カップ
◇**梅アチャール**　小さじ2
◇塩　小さじ1
◇酒　大さじ2

ポイント

生のとうもろこしは炊飯時に芯を入れると、おいしいだしが出ます。鶏皮は焼いたり、スープも取れるので、おだしがわりに使いましょう。

カリカリ小梅

ついつい手が伸びる、みんなが大好きな小梅漬け。
カリカリ食感を保つためには冷蔵庫で保存して。

材料（作りやすい分量）

- ◇小梅（青梅）　100g
- ◇焼酎（ホワイトリカーでも可）　小さじ½
- ◇塩　小さじ2

作り方

1.
小梅をたっぷりの水につけて2時間アク抜きをする。

2.
へたをとり、水気を拭き取る。

3.
保存容器に小梅と焼酎を入れ、全体を湿らせる。

4.
塩を入れて、透き通ってくるまで指先で3分ほど力をこめてもみ込む。

5.
蓋をして常温で1日置き、ときどき揺すりながら様子を見る。塩が完全に溶けたら冷蔵庫で保存。1週間ほどで食べられる。

塩を入れてよくもみ込む

梅の実が透き通ったら保存

保存場所	冷蔵庫
保存期間	1年

小梅の醤油漬け

お醤油味の小梅をぽりぽり食べても良いし、梅味の醤油をポン酢のように使うのも楽しい。白身魚のお刺身やチャーハンなどにもぴったりです。

材料（作りやすい分量）

◇ 小梅（青梅・完熟梅どちらでも可）　100g
◇ 醤油　100mℓ

作り方

1.
小梅をたっぷりの水につけて2時間アク抜きをする。

2.
へたをとり、水気を拭き取る。

3.
保存容器に小梅を入れ、醤油を注ぐ。冷蔵庫で保存し、1週間ほどで食べられる。

保存場所	冷蔵庫
保存期間	1年

小梅とオリーブのピクルス

小梅とグリーンオリーブは姿形が似ていてそれだけでかわいい。意外なほど、オリーブの風味が小梅にしっかり移ります。

材料（作りやすい分量）

◇ 小梅（青梅・完熟梅どちらでも可）　100g
◇ オリーブ　10個（20g程度）
◇ すし酢　100mℓ

作り方

1.
小梅をたっぷりの水につけて2時間アク抜きをする。

2.
へたをとり、水気を拭き取る。

3.
保存容器に小梅、オリーブを入れ、すし酢を注ぐ。冷蔵庫で保存し、1週間ほどで食べられる。

保存場所	冷蔵庫
保存期間	1年

小梅とベリーのシロップ

小梅でもシロップは作れます。その代わり、酸味は穏やか。レモンやベリーなどの酸味を重ねて。懐かしい味わいのシロップです。

材料（作りやすい分量）

- ◇ 小梅（青梅・完熟梅どちらでも可）　100g
- ◇ 冷凍ベリー　50g
- ◇ 砂糖　150g
- ◇ レモン（輪切り）　1枚

作り方

1.

小梅を丁寧に洗い、へたをとり、水気を拭き取る。

2.

保存容器に小梅、冷凍ベリー、砂糖を層になるように入れ、最後にレモンを載せる。

3.

常温で置き、ときどき揺すって様子を見る。砂糖が溶けきったら小梅とベリーとレモンを取りのぞき、冷蔵庫へ。3週間後から飲みごろ。

材料を交互に入れる

ときどき揺すって様子を見る

保存場所	冷蔵庫
保存期間	6ヶ月

やっぱりすごいよ三大梅しごと

三大梅しごとと私

「梅しごと」と聞いて思い浮かべるのは、やはり「梅干し」「梅酒」「梅シロップ」ではないでしょうか？

この3つは私も毎年必ず作っています。もう今年はいいかなと思う梅酒と梅シロップも出来上がるたびに、やっぱりおいしいなあ、作って良かったと思うものです。

丸々とした梅が、お砂糖に埋もれてだんだんとしぼんでいく様子は、何度作っても飽きません。嬉しくなって気になって、いつもゆらゆらと容器を揺らしては覗き込みます。梅シロップは発酵しやすいから、よく見てあげないといけません。心配をかけるところも、なんだか愛おしいんです。

夏場の暑い日の梅ドリンクは喉も体も潤します。私の梅しごと教室に来ていた友人は熱中症対策として、梅シロップ、梅酢を水で割ったものを持ち歩いていました。考えたら、塩分と糖分、クエン酸と完璧ですよね！

そして、なんといっても梅干し。梅干しのことについて話し始めたらもうきりがないくらい。作るのも食べるのも大好き！

梅干しは手作りの調味料です。塩味も酸味も旨味も一粒で担ってくれます。梅干しそのままでもおいしいのに、えらい。えらすぎます。

梅干しを作っているときに、待ちどおしい瞬間があります。

太陽を散々浴びた出来立ての梅干しってね、ほの温かいんです。

表面はシャリっとすっかり乾燥していて、塩が浮いて。見ているだけで口をすぼめてしまうほど。しょっぱくて酸っぱい香りがします。

それを、ひょいと一粒つまんでちょっぴり齧るんです。だって、もう我慢できません。今年の梅はどうだろう？　おいしくできたかなって気になるではありませんか。

そおっと齧ったそばから、とろりとぬるい果肉がこぼれます。出来立ての梅干しは橙色。果実だったものね、あなたはついこの間まで。それがこんなにご飯が進む立派な梅干しになって……。

なんて、しみじみ梅を見つめて思っていたら……子供たちが顔をしわくちゃにしながら、何粒も矢継ぎ早に食べているではありませんか！　「これー！」と、急いで止めるのでした。まったく血は争えません。

今井家の梅干し（塩分18%）

私の梅しごとの原点。結局、梅干しに始まり梅干しで終わる。今でも一番作るのは昔ながらのしょっぱい梅干しです。難しいことなんて何にもない。ただ、梅に愛情を込めて塩漬けして、干すだけ。それだけで極上の梅干しが自分の手で作れるようになります。

材料（作りやすい分量）

◇ 完熟梅　600g
◇ 焼酎　50mℓ
◇ 粗塩　108g（梅の重量の18%）

［ 梅100gの場合 ］

◇ 焼酎　小さじ2
◇ 粗塩　18g

道具

◇ 漬ける：冷凍用ジッパー保存袋／バット または ボウル
◇ 干す：ザル／オーブンシート／ガラス瓶（梅酢用）／ラップ

ポイント

・調理器具や手指はきちんと消毒しましょう
・漬けるときにカビやすいので、傷のない完熟梅を使い、水気をよく拭いてください
・塩分を減らすと保存性が低くなります。しょっぱすぎる場合は食べる前に塩抜きしても

保存場所	冷暗所
保存期間	賞味期限はなく、塩分濃度を守るとずっと食べられる

作り方 1

漬ける

1.

保存袋に、基本の下ごしらえ（P.18）をした梅を入れ、消毒のため焼酎を入れてなじませ、余分な焼酎は捨てる。

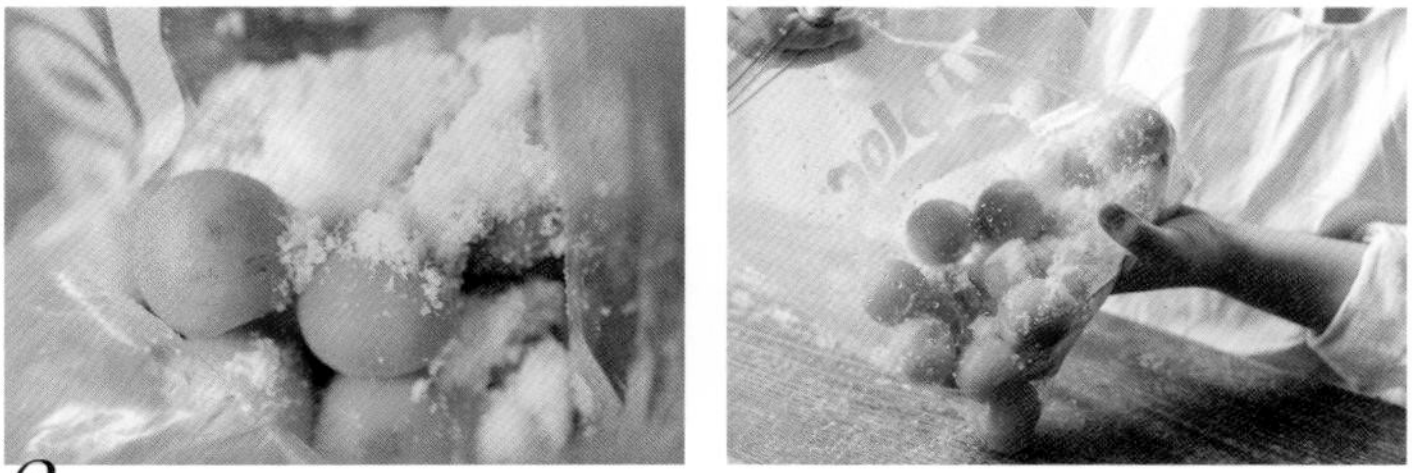

2.

塩を入れて袋の口を閉じ、ふるようにして梅全体にまぶす。

3.

保存袋から梅のエキス（梅酢）が漏れた時に備えて、袋をバットやボウルに入れて常温で置く。毎日様子を見て、ゆらゆらと袋を揺らす。3週間以上は漬け込む（梅酢が上がりにくかったら、塩袋など重しをのせましょう）。

作り方 2

干す

4.

晴れの日が3日続くタイミングを見計らって、ザルにくっつき防止のオーブンシートを敷き、取り出した梅を並べる。

5.

ときどき裏返し3日間干す（目を離す時は室内の窓際に置いて、のべ3日日光に当てればOK）。表面に塩が吹いた状態になるまで乾けば出来上がり。保存後、数ヶ月経つと果肉からエキスが染み出し、柔らかさが増す。

6.

梅酢もガラス系の瓶やボウルに移し、ラップをして1日日光に当てて殺菌する。梅干しと梅酢は別々に清潔な保存袋や容器で保存。

梅干し Q&A

Q.

梅の皮が固くなってしまいます。

A. 梅干しが固く仕上がる場合は、重しが足りなかったか、もともとの果肉がじゅうぶんに熟していなかった可能性があります。品種にもよるので、さまざまな原因がありますが、赤みがかるくらい完熟した南高梅を使えば柔らかく仕上がります。干す前に皮が破れてしまった場合は、そのまま干して構いませんが、果肉が出やすいのでその他の梅と分けて保存し、早めに食べましょう。もし皮が硬くなっても、お料理に使えば大丈夫。

Q.

保存していると梅干しが白くなるのはカビ？

A. 塩分量18%以上できちんと干していれば、カビがはえることはほとんどありません。水分に溶け込んだ塩分が再結晶化したものか、梅の酵母、クエン酸カルシウムという物質の可能性も。どれも食べても大丈夫なものですが、気になる場合は食べる前にさっと水洗いするといいでしょう。

Q.

梅を干す時間がなかなか取れません。

A. こまぎれに干してトータル3日分でもOKですが、どうしても干すのが難しい場合は、梅酢と分けて梅の塩漬けとして食べてもおいしいです。常温で1年ほど保存できます（もし1年後に余裕があれば、そのときに干しても大丈夫ですよ）。

Q.

梅酢の利用方法を教えてください。

A. 酢飯や酢の物にプラス、焼き魚にかけてもおいしいですし、卵焼きに入れて焼くとふわっとします（卵2個に大さじ½程度）。唐揚げの下味に使ったり、おにぎりを握るときの水代わりに手につけたりするのもおすすめです。
私の一推しは「梅干しと梅酢で作る粒マスタード」。マスタードシード大さじ4（黄3、茶1）を1時間水につけ、水気を切り、梅酢50mℓ、梅干し1個、はちみつ小さじ½を入れてすり鉢でゴリゴリ潰したら出来上がり。一晩置くと味がなじみます。

梅バナナ

バターが香る、懐かしい甘じょっぱさ

材料（2人分）

◇ バナナ　2本
◇ **梅干し**　小1個（塩分18%を使用。塩分濃度が低い場合は塩を足して味をととのえてください）
◇ バター　10g

作り方

1.

バナナは1cm幅の輪切りにする。梅干しは種をとり、包丁で粗く叩く。

2.

フライパンにバターを入れて中火にかけ、溶けたらバナナを並べる。梅干しはフライパンの隅に入れて炒める。

3.

バナナの片面に焦げ目がついたらひっくり返し、もう片面もこんがりと焼く。梅干しは焦げないようにときどき混ぜる。

4.

皿にバナナを盛り付け、梅干しを散らす。

ポイント

バターで梅がサクサクの食感に。バナナに載せて召し上がれ。青いバナナでも熟したものでも違う味わいになり、どちらもおいしいです。

ディルとイカと梅干しのタルタル バゲット添え

イカの甘みを梅とディルの香りで引き立てる

材料（２人分）

◇ディル　1g
◇イカの刺し身　80g
◇**梅干し**　大1個（塩分18%を使用。塩分濃度が低い場合は塩を足して味をととのえてください）
◇オリーブオイル　小さじ2
◇バゲット　お好みの量

作り方

1.

梅干しは種をとり、包丁で粗く叩く。ディルを粗みじん切りにする。

2.

イカの刺し身に1とオリーブオイルを加え、ボウルに入れて混ぜ合わせる。薄切りにしたバゲットを添える。

ポイント

ディルが手に入らなかったらイタリアンパセリ、バジルなどで試してみてください。梅干しとオリーブオイルは相性が良いです。

鶏むね肉の梅バターソテー

旨味たっぷり、バターの風味を梅が引き締める

材料（2人分）

- ◇鶏むね肉　1枚（300g程度）
- ◇塩　小さじ1/2（肉の重量の0.7%強）
- ◇オリーブオイル　大さじ1
- ◇にんにく　1かけ（5g程度）
- ◇**梅干し**　1個（塩分18%を使用。塩分濃度が低い場合は塩を足して味をととのえてください）
- ◇バター　10g

作り方

1.

鶏むね肉を6〜8等分に切り、塩をふる。

2.

フライパンにオリーブオイルを入れ、鶏肉の皮を綺麗に伸ばしながらオイルを撫でつけ、皮目を下にして並べる。弱めの中火にかけ、フライパンよりひと回り小さいアルミホイルをふわっと載せて、皮目がきつね色になるまで5〜6分焼く。

3.

鶏肉のすべての面が白っぽくなるように転がしながら、さっと焼いたら一旦器に取り出す（この時点で火が入り切ってなくてOK）。フライパンの油分をキッチンペーパーで拭き、バターを入れる。

4.

フライパンに叩いた梅干しと種、すりおろしたにんにくを入れ、弱めの中火にかける。ヘラでよくかき混ぜ、ソース状にする。にんにくの香りが立ち、バターが黄金色になったら弱火にする。フライパンに鶏肉を戻し入れ、ソースを絡めながら1分ほどソテーする。

ポイント

鶏肉の皮は必ず伸ばしてからフライパンに載せてください。もも肉で作ってもおいしいです。お好みで黒胡椒を挽いて。

トムヤム麺

梅干しの酸味で本格的なお味に

材料（1人分）

- ◇そうめん　100g
- ◇鶏もも肉　120g
- ◇しめじ　50g（½パック）
- ◇にんにく　1かけ（5g程度）
- ◇しょうが　1かけ（5g程度）
- ◇**梅干し**　1個（塩分18%を使用。塩分濃度が低い場合は塩を足して味をととのえてください）
- ◇桜海老　小さじ1 ½
- A
  - ◇水　400mℓ
  - ◇トマトジュース　50mℓ
  - ◇みりん　小さじ½
- ◇牛乳　小さじ ½
- ◇青ねぎ　1本（お好みでパクチーでも可）
- ◇一味　適量

作り方

1.

4cm角に切った鶏肉、石づきを取ってほぐしたしめじ、すりおろしたにんにくとしょうが、梅干し、指でつぶした桜海老、Aを鍋に入れて強火にかける。沸騰したら、中火にして5分ほど煮る。梅干しは箸で軽くくずす。

2.

そうめんを1の鍋に入れて、時々ほぐしながら表示時間通りにゆでる。ゆで上がる直前に、牛乳、小口切りにした青ねぎを入れてひと混ぜする。味見をして、好みで塩、一味を入れる。

ポイント

おそうめんの下ゆでも必要なしで、一つのお鍋で作れます。味見をしてしょっぱかったら水を足し、薄かったら塩を足すなどお好みで調整を。

梅モッツァレラ

おつまみに最適！　ごま油で広がるふくよかな風味

材料（２人分）

◇ モッツァレラチーズ　100g（大1個）
◇ きゅうり　1本
◇ **梅干し**　1個（塩分18%を使用。塩分濃度が低い場合は塩を足して味をととのえてください）
◇ ごま油　大さじ½
◇ すりごま　大さじ½
◇ 黒胡椒　適量（お好みで）

作り方

1.

きゅうりを小さめの乱切りにしてボウルに入れる。

2.

種をとって包丁で粗く叩いた梅干し、ごま油、すりごま、一口大にちぎったモッツァレラチーズを入れて混ぜる。お好みで黒胡椒をかける。

ポイント

梅とチーズにきゅうりが入ることで食感と味にリズムが生まれます。茗荷や大葉の千切りなど薬味を足してもおいしいです。オリーブオイルにすると洋風に。

ツナ梅クリームパスタ

いつものツナ缶がごちそうパスタに

材料（1人分）

◇パスタ　90g
◇ツナ（ノンオイル）　1缶（70g）
◇**梅干し**　½個（塩分18%を使用。塩分濃度が低い場合は塩を足して味をととのえてください）
◇生クリーム　100mℓ
◇万能ねぎ　1本

ゆで汁
◇湯　1ℓ
◇塩　小さじ2

作り方

1.

鍋にパスタをゆでる湯を沸かす。フライパンに汁を切ったツナを入れ、水分が完全に飛ぶまで中火で炒める。

2.

フライパンの火を止め、生クリームと、種をとり包丁で叩いてペースト状にした梅干しを入れて混ぜる。

3.

パスタを袋の表示より1分短くゆでる。

4.

2のフライパンにパスタを入れて混ぜ、火にかけてひと煮立ちしたら火をとめ、小口切りにした青ねぎを加えて和える。

ポイント

ツナはからからに水気が飛び、ぱちっとはじけるまで炒めると旨味が凝縮されます。生クリームは強火で煮立てすぎると分離するので、ひと煮立ちしたら火を止めてください。

白身魚ときのこの鍋　梅だれ添え

土瓶蒸しのようなふくよかな鍋

材料（2人分）

◇鯛（刺し身用サク）　100g

◇きのこ（まいたけ、しめじ、エリンギ、マッシュルームなど数種を混ぜて）　150g

◇だし汁　600mℓ

A
◇塩　小さじ1
◇みりん　小さじ½
◇醤油　小さじ½

梅だれ

◇**梅干し**　1個（塩分18%を使用。塩分濃度が低い場合は塩を足して味をととのえてください）

◇大葉　5枚

◇ごま油　小さじ2

作り方

1.

鯛は薄切りにし、きのこは石づきを落として食べやすい大きさに割く。マッシュルームは薄切りにする。

2.

鍋にだし汁を入れて中火にかける。沸騰したらきのこ、Aを入れる。

3.

梅だれを作る。種をとって包丁で叩き、ペースト状にした梅干し、みじん切りにした大葉、ごま油をよく混ぜる。

4.

鍋のきのこがしんなりしたら鯛を入れる。梅だれをつけていただく。

ポイント

白身魚は鯛以外でも。タラの切り身や、ハモやアナゴもおすすめです。きのこはいろんな種類を組み合わせることで旨味が増します。

基本の梅酒

梅しごとの中で一番簡単なのは梅酒かもしれません。なんせアルコールに漬けるから、カビの心配がありません。氷砂糖だときれいに溶けますが、どんなお砂糖でも大丈夫。

友人は子供が産まれた時に梅酒を漬けたらしく、20歳になったら一緒に飲む予定だそう。何かの記念の時に、梅酒を作るのも素敵ですね。

材料（作りやすい分量）

◇ 梅（青梅・完熟梅どちらでも可）　200g
　※100gの場合は以下すべて半量

◇ 焼酎　200mℓ

◇ 砂糖　200g
　→ 氷砂糖、グラニュー糖、きび砂糖などお好みで

作り方

梅の実と砂糖を入れて

お酒を注ぐ

1週間経ったら一度混ぜる

1.

梅の基本の下ごしらえ（P.18）をする。保存容器を洗ってよく乾かし、材料をすべて入れる。

2.

直射日光の当たらない場所に常温で置き、1週間ほど経ったら一度混ぜる。3ヶ月後くらいから飲みごろ。

※梅の実は入れっぱなしでも問題ないが、抽出されたエキスがまた梅に戻ってしまうので、1年〜1年半ほどで取り出したほうが良い

保存場所	冷暗所
保存期間	1年以上

無糖梅酒（ジン）

梅酒の甘みが苦手な方に。
酸味が引き立つおいしさ

材料（作りやすい分量）

◇ 梅（青梅・完熟梅どちらでも可）　200g
◇ ジン　200mℓ

おすすめの飲み方

氷を入れてオンザロックや、
1対3のソーダ割りに

梅酒ラム

こっくり濃厚。
牛乳に混ぜるととろり食感に

材料（作りやすい分量）

◇ 梅（青梅・完熟梅どちらでも可）　200g
◇ ラム酒　200mℓ
◇ 砂糖　200g

おすすめの飲み方

牛乳と1対3で割って、パインや
お好みの果物を載せてトロピカルに

梅酒ウイスキー

飲み口がするり。
人懐っこい味

材料（作りやすい分量）

◇ 青梅　200g
◇ ウイスキー　200mℓ
◇ 砂糖　200g

おすすめの飲み方

炭酸水と1対3で割って、ハイボールに

＊作り方・保存については「基本の梅酒」参照。
飲み方の濃度は目安です。お好みでご調整ください。

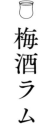

梅酒ブランデー

香り高く甘い、品格のある梅酒に仕上がります

材料（作りやすい分量）

- ◇ 梅（青梅・完熟梅どちらでも可）　200g
- ◇ ブランデー　200mℓ
- ◇ 砂糖　200g

おすすめの飲み方

苺を入れてつぶしながら飲んで

W黒糖梅酒

甘酸っぱくて爽やか。後味が香ばしい

材料（作りやすい分量）

- ◇ 梅（青梅・完熟梅どちらでも可）　200g
- ◇ 黒糖　100g（粒の場合はつぶす）
- ◇ 黒糖焼酎　300mℓ

おすすめの飲み方

氷を入れてオンザロックや、
1対3のミルク割りに

梅酒ウォッカ

梅フレイバーのウォッカは予想以上の味わい

材料（作りやすい分量）

- ◇ 梅（青梅・完熟梅どちらでも可）　200g
- ◇ ウォッカ　200mℓ
- ◇ 砂糖　200g
（甘さはお好みで半量からOK）

おすすめの飲み方

トニックウォーターと1対3で割って、
ウォッカトニックに

＊作り方・保存については「基本の梅酒」参照。
飲み方の濃度は目安です。お好みでご調整ください。

基本の梅シロップ／はちみつ梅シロップ

手作りの梅シロップ、それはそれはとってもおいしくて夏のお守りのように毎年作っています。

カビ、発酵のトラブル防止のためのおまじないがわりに、りんご酢をちょっぴり入れてもいいですよ。梅を取り出す時期が多少ずれても問題ありません（私もよく忘れます）。

材料（作りやすい分量）

基本の梅シロップ

◇ 梅（青梅・完熟梅どちらでも可）　200g

◇ 砂糖　200g

→ 氷砂糖、グラニュー糖、きび砂糖などお好みで

はちみつ梅シロップ

◇ 梅（青梅・完熟梅どちらでも可）　200g

◇ はちみつ　200g

※梅100gの場合は砂糖・はちみつともに半量

梅と砂糖を交互に入れる

水分が出始めたら揺すって様子をみる

エキスが出て梅が縮んだら取り出す（はちみつの場合は縮みが少ない）

作り方

1.

梅の基本の下ごしらえ（P.18）をする。水気が完全になくなるように3時間ほど乾かす。

2.

砂糖の場合　保存容器に梅と砂糖を交互に入れ、常温で置く。3日後から砂糖がしっとりし、水分が出始める。ときどき揺すって様子を見る。砂糖が溶け残っていたら清潔なスプーンで混ぜる。

はちみつの場合　保存容器に梅とはちみつを入れ、常温で置く。ときどき揺すって様子を見る。

3.

3週間経ったら梅を取り出し、完成。

ポイント

梅が茶色く変色するのは、エキスが出ている証拠です。もし途中で泡立ってきたら発酵しているので、梅を取り出し、シロップを鍋で煮立てるか、レンジ（600W）で1分半ほど加熱すると良いでしょう。

保存場所	冷蔵庫
保存期間	1年

フルーツポンチ

カットフルーツと合わせて、華やかおやつ

材料（2人分）

◇ フルーツ（パイナップル、キウイ、苺、りんご、オレンジなどお好みのもの）　200g
◇ **梅シロップ**　75mℓ
◇ ミネラルウォーター　75mℓ

作り方

1.
フルーツを一口大にカットし、ボウルに入れる。苺は縦に包丁を入れ4分割に。

2.
梅シロップ、ミネラルウォーターを入れて混ぜ合わせる。

ポイント

ミネラルウォーターを炭酸水に替えても。市販のカットフルーツや冷凍果物を使うとより簡単に作れます。

焼き芋の梅シロップがけ

バターシロップで、カリじゅわおいしい

材料（2人分）

◇焼き芋　250g
◇バター　10g
◇**梅シロップ**　大さじ1

作り方

1.
焼き芋を皮つきのまま5cm大の乱切りにする。

2.
フライパンにバターを入れて中火にかけ、焼き芋を並べる。すべての面がカリッとするまでひっくり返しながら焼く。

3.
火を止めて梅シロップを全体にかける。

ポイント

市販の焼き芋を使うことで早く仕上がります。バターで表面をカリカリにしながら風味をつけ、梅シロップは煮詰めずサラッとかけて染み込ませます。

03

いんげんのシロップ煮込み

こっくりとした、いんげんのあたらしい味

材料（２人分）

- ◇オリーブオイル　大さじ2
- ◇いんげん　30本（200g程度）
- ◇にんにく　2かけ（10g程度）
- ◇玉ねぎ　1個（200g程度）
- ◇水　3カップ
- ◇**梅シロップ**　100㎖
- ◇塩　小さじ½

作り方

1.

いんげんの筋をとってへたを切り落とし、5㎝の長さに切る。にんにくと玉ねぎは薄切りにする。

2.

フライパンにオリーブオイルを入れ、弱めの中火にかけてにんにくを炒める。香りが立ったら玉ねぎを入れてきつね色になるまで炒める。いんげんを入れ、混ぜながら炒める。

3.

いんげんがしんなりしたら、水と梅シロップと塩を入れ、蓋をせずに10分煮る。

4.

ひと混ぜしてから弱火にして25分煮る。そのあと中火にして、汁気がなくなるまで5〜6分ほど煮詰める。

ポイント

いんげんをよく煮込むことで、ねっとりこっくりとした味に仕上がります。冷めてもおいしく、作り置きにもぴったり。たっぷり作って朝に夜に楽しんで。モロッコいんげんでもおいしく仕上がります。

おわりに

「この後、お話をする時間はありますか？」

梅しごとのレッスンの後に、声をかけてこられたのが、編集者の筒井さんでした。

私たちはその1か月後、『いい日だったと眠れるように　私のための私のごはん』という本を一緒に作りはじめることになります。

そして、筒井さんと作る次の書籍には、私たちを繋げた「梅」のレシピを一緒に残したいと思ったのです。


私は1年の3分の1は梅のことを考えています。しかし、好きだからこそ色々と思うこともあり、自分の理念をこめた梅の本をいつか作りたいと願っていました。梅しごとというと、どうしても、家族の風習や伝統行事という側面がクローズアップされがちです。しかし、家族の形や規模が変わっていく中で、梅しごとやレシピも柔軟に変化していくべきではないでしょうか。

楽しいから、おいしそうだから、かわいいから！　もっと軽やかな気持ちで梅を愛でてほしい。自由な気持ちで、今の私たちに合う「これからの梅しごと」をやれば良いのです。

それに、梅しごとに思い出がある方も、ない方も、「今年の梅」には関係ありません。今年の梅は今年だけ。梅だって農作物なのですから。天候や環境によって毎年違います。

自然と向き合うこと。それこそ梅しごとの醍醐味の一つです。

最後にひとつ、私からのアドバイス。梅の不思議なところなのですが、出来上がってすぐは今ひとつだった加工品も、３ヶ月後にまた食べるとおいしかったりするのです。だから微妙な味になってしまっても、すぐに捨ててしまわず、様子を見ましょう。常温が怖かったら、冷蔵庫に入れてしまったら良いんです。発酵食品ではないので関係ありません。

今までにない梅の本を作りたいんです！という気持ちを受け止めてくださり、素晴らしい世界観を作り上げてくださった、デザイナーの千葉佳子さん、スタイリストの来住昌美さん、アシスタントの野島二郎さん、カメラマンの今井裕治さん。いつもそばにいて助けてくれる編集の筒井菜央さん。そして梅しごとについてＳＮＳでコメントをくださった皆様。ありがとうございました。

この本を作っている時、どんなお料理も美味しくする梅の食材としての秘められた力に驚かされるばかりでした。この魅力をもっと伝えていきたい、日本だけではなく、世界中の人々に梅を広めていきたい。いつからか、そう強く思うようになりました。地球上の色んな場所でみんなが梅しごとをするようになったら……なんて、こんな可愛らしい梅で、大それたことを考えています。

２０２３年　春　今井真実

素材別さくいん

// 今井真実

いまい・まみ

兵庫県神戸市出身、東京都在住。noteに綴るレシピやエッセイ、Twitterでの発信が幅広い層の支持を集め、雑誌、web、企業広告など、多岐にわたる媒体でレシピ制作、執筆を行う。身近な食材を使い、新たな組み合わせで作る個性的な料理は「知っているのに知らない味」「料理が楽しくなり何度も作りたくなる」と定評を得ている。幼少期から梅を愛し、梅の食べ過ぎで叱られ続ける。長年にわたり梅しごと教室を主宰。著書に『毎日のあたらしい料理　いつもの食材に「驚き」をひとさじ』（KADOKAWA）、『いい日だった、と眠れるように　私のための私のごはん』（左右社）、『料理と毎日　12か月のキッチンメモ』（CCCメディアハウス）『フライパンファンタジア』（家の光協会）がある。

今井真実のときめく梅しごと

二〇二三年四月二十五日　第一刷発行

著者　今井真実
写真　今井裕治
スタイリング　来住昌美（P.22-25, 28-29, 32-35, 38-39, 42-45, 48-49, 52-53, 56-57, 60-61, 64-65, 69, 78-105）
調理アシスタント　野島二郎（野島商店）
装幀　千葉佳子（kasi）

発行者　小柳学
発行所　株式会社左右社
東京都渋谷区千駄ヶ谷三丁目五五－一二
ヴィラパルテノンB1
TEL　〇三－五七八六－六〇三〇
FAX　〇三－五七八六－六〇三二
https://www.sayusha.com

印刷所　株式会社加藤文明社印刷所

ISBN978-4-86528-362-4